Kauderwelsch
Band 47

W0177208

Impressum

Veronica Sierra - Naughton
British Slang — das andere Englisch
erschienen im
REISE KNOW-HOW Verlag Peter Rump GmbH
Osnabrücker Str. 79, D-33649 Bielefeld
info@reise-know-how.de

Bearbeitung	Peter Rump
Layout	Kerstin Belz
Überarbeitung	Manuel Wiederhold
Layout-Konzept	Günter Pawlak, FaktorZwo! Bielefeld
Umschlag	Peter Rump
Fotos	siehe Nachweis am Bild
Cover-Illustration	Patrick Haase
Gesamtherstellung	Himmer GmbH Druckerei & Verlag, Augsburg

ISBN: 978-3-8317-6553-9

Wer im Buchhandel kein Glück hat, bekommt unsere Bücher
auch direkt über unseren Internet-Shop:

www.reise-know-how.de

Die Internetseiten mit Aussprachebeispielen und der Zugriff
auf diese über QR-Codes sind eine freiwillige, kostenlose
Zusatzleistung des Verlages. Der Verlag behält sich vor, die Be-
reitstellung des Angebotes und die Möglichkeit der Nutzung
zeitlich und inhaltlich zu beschränken. Der Verlag übernimmt
keine Garantie für das Funktionieren der Seiten und keine Haf-
tung für Schäden, die aus dem Gebrauch der Seiten resultie-
ren. Es besteht ferner kein Anspruch auf eine unbefristete Be-
reitstellung der Seiten.

Der Verlag möchte die **Reihe Kauderwelsch** weiter ausbauen
und **sucht Autoren!** Mehr Informationen finden Sie unter
www.reise-know-how.de/verlag/mitarbeit

Kauderwelsch

Veronica Sierra-Naughton

British Slang

das andere Englisch

Bangin'

umwerfend

Kauderwelsch „Slang" heißt:

- Schnell mit dem **Sprechen** beginnen, auch wenn nicht immer alles korrekt ist.
- das Kauderwelsch der alteingesessenen Bewohner vor Ort mit all seinen fremdartig und zuweilen lustig klingenden Lauten und Ausdrücken wirklich verstehen, und sich in die **Lebensart, das Lebensgefühl, die Lebensphilosophie der Menschen** vor Ort einzufühlen. Denn „Slang" ist nie nur eine andere Art zu sprechen, sondern Ausdruck einer anderen Art zu denken, fühlen, genießen, leben und zu lieben.
- Es geht um die **Alltagsprache,** also das, was man tatsächlich auf der Straße hört.
- Die **Autorinnen und Autoren** werden Sie immer wieder zum schmunzeln bringen und auf unterhaltsame Weise die Mentalität und das Lebensgefühl des jeweiligen Sprachraums vermitteln.

Kauderwelsch-Slangführer sind keine Lehrbücher, aber viel mehr als traditionelle Reisesprachführer. Es erwarten Sie sprachliche Leckerbissen, gespickt mit **umgangssprachlichen Floskeln, Redewendungen und lockeren Sprüchen,** die den Mutterwitz der Bewohner charakterisieren.

Talk to each other!

Kauderwelsch und noch viel mehr

www.reise-know-how.de

- **Immer** und **überall** bequem in unserem Shop einkaufen

- Mit **Smartphone, Tablet** und **Computer** die passenden Reisebücher und Landkarten finden

- **Downloads** von Büchern, Landkarten und Audioprodukten

- Alle **Verlagsprodukte** und **Erscheinungstermine** auf einen Klick

- **Online** vorab in den Büchern **blättern**

- Kostenlos **Informationen, Updates** und **Downloads** zu weltweiten Reisezielen abrufen

- **Newsletter** anschauen und abonnieren

- Ausführliche **Länderinformationen** zu fast allen Reisezielen

British Slang

Anhang

Vorwort

So wie der „American-Slang"-Band der Kauderwelsch-Reihe in den amerikanischen Slang einführt, so soll dieser Band einen kleinen Überblick über die britische Umgangssprache geben.

Er richtet sich an England-Reisende, die über ein Minimum an englischen Sprachkenntnissen verfügen, aber nicht regelmäßig Kontakt mit dem britischen Alltag haben oder die sich nicht so lange in Großbritannien aufgehalten haben, dass sie in den „Code" des Umgangsenglischen eingeweiht sind. Wenn man sich nämlich als harmloser Reisender (oder als Neuzugereister) auf englischen Boden begibt, merkt man schnell, dass es eine Vielzahl von Situationen gibt, in denen man mit dem mühsam erlernten Schulenglisch nicht mehr folgen kann: Wenn man Gesprächen im chippy (da gibt's Fish & Chips) oder im Pub an der Ecke lauscht, sich mit einem erregten Unfallgegner oder Fußballclubanhänger auseinandersetzen muss, wenn man ein Exemplar der Zeitschrift VIZ in die Hände bekommt oder auch einem Live-Interview am Fernseher oder Radio folgen will. Es geht hier also um das gesprochene Alltagsenglisch in Großbritannien.

Wir wünschen sodann „The best of British to you!"

Hinweise zur Benutzung

Diese Wort- und Phrasensammlung könnte man grob in zwei Teile gliedern: Es geht los mit typisch britischen Ausdrücken, die Ihnen in bestimmten Situationen begegnen werden, z. B. im Kaufhaus, im Fernsehen usw. Im zweiten Teil geht es dann um die echte Umgangssprache, ebenfalls grob nach Situationen sortiert. Überschneidungen ließen sich nicht immer vermeiden.

Wissenschaftlich gesehen, ist Slang eine „Low-Level-Sprache", die ausschließlich von den unteren sozialen Schichten gesprochen wird, da diesen die „Hochsprache" nicht geläufig ist. Ich verstehe Slang anders, nämlich als die Sprache, die von den Leuten im täglichen Leben gesprochen wird, wenn man nicht auf Etikette achten muss. Da wimmelt es von Spezialausdrücken und „unfeinen" Wörtern. Gerade bei letzteren ist es nötig, genau zu differenzieren. Auch bei uns kann ja z. B. das Wort „Scheißkerl" je nach Situation und angesprochener Person durchaus freundlich oder höchst beleidigend sein. Auch werden sich zwei Männer an der Theke anderer Ausdrücke für Frauen bedienen, als wenn eine Vertreterin des anderen Geschlechts zuhört.

Solange man in einer Gemeinschaft diese Sprache versteht, hat sie auch ihre Berechtigung. Hat man erst einmal die Grundregeln verstanden und sich in die Sprache eingehört, fällt es auch nicht mehr so schwer, sein Gegenüber zu verstehen. So wird das ohnehin schon verkürzte isn't it zu in'it, oder doesn't it zu don'it.

Jetzt kommt ein schwieriger Punkt ins Spiel: Die Aussprache. Diese ist von Region zu Region sehr verschieden. Im Norden könnte Sie in einem Pub jemand fragen: Nuther pint, luv? (Another pint, love?), in Schottland könnte Ihnen jemand etwas von seinem „küker" erzählen und seinen cooker (Herd) meinen.

Ich habe stets versucht, die deutsche Übersetzung der Ausdrücke auf dem gleichen Sprachlevel zu halten. Trotzdem ist bei der Anwendung Vorsicht geboten. Abwertende Ausdrücke und Beleidigungen sind ohnehin nicht zum Gebrauch, sondern lediglich zum Verstehen aufgeführt. Hierzu auch ein Zitat aus „Das Wörterbuch" der Gebrüdern Grimm: „Ein Wörterbuch ist nicht dazu da, die Wörter zu verbergen, sondern um sie hervorzubringen."

Im Anhang dieses Buches sind alle vorkommenden Ausdrücke, noch einmal stichwortartig und alphabetisch geordnet aufgelistet. Die Seitenzahl dahinter gibt an, wo das Wort erwähnt wird und demnach auch die Übersetzung steht. Hört man z. B. den Ausdruck I'm on cloud nine, findet man unter cloud die entsprechende Seite.

Auch im offiziellen Rahmen werden Verkürzungen benutzt. So nennen sich zum Beispiel Fast-Food Ketten, die gebackene Kartoffeln verkaufen Spuds U Like *(das* you *wird zum einfachen* u, *denn nur die Aussprache zählt). In Schottland hieße der gleiche Laden* Tatties U Like.

Völlig vulgäre Ausdrücke sind durch ein „Bömbchen" (● *) gekennzeichnet.*

In the pea soup

Das Wetter

In England ist dieses bekannterweise meistens schlecht, daher sind die Ausdrücke für schönes Wetter auch stark unterrepräsentiert.

Messing-Affen-Wetter **brass monkey weather**
eiskalt

kalt genug, um die **cold enough to freeze the balls off a brass**
Eier eines Messing- **monkey ●※**
affen einzufrieren scheißkalt

it's parky   **to feel a nip in the air**
sehr kaltes Wetter   kühles Wetter

It's raining cats and dogs.
Es gießt Bindfäden.

It's peeing down.
Es regnet.

It's pissing (it) down. ●※   **It's pelting down.**
Es pisst.   Es schifft *(prasselt)*

It's chucking (it) down.
Es schüttet. *(schmeißend)*
It's coming down in buckets.
Es regnet wie aus Eimern.
to be soaking wet through
durch und durch nass sein

to be pissed wet through
durch und durch nass sein
to be wet through
klatschnass sein
to be drenched to the skin
total durchnässt / nass bis auf die Knochen sein
It's a scorcher.
Es ist ein knüppelheißer Tag.

Red sky at night, shepherd's delight.
Roter Sonnenuntergang
verspricht schönes Wetter.

Red sky in the morning, shepherd's warning.
Roter Sonnenaufgang
verspricht schlechtes Wetter.

© Daniel Prohaska

rolly (umbrella)	Schirm
wellies (wellingtons)	Gummistiefel
mac (macintosh)	Regenmantel
kagoul(e) / cagoul(e)	Windjacke

Pay through the nose

Money, money, money

Wer „durch seine Nase zahlt", ist selber schuld, würde der Brite sagen. Ich kann mich dem nur anschließen, ohne dass ich gleich als stingy, knickrig, gelten möchte.

lolly / spondulicks / quid	Geld	
the folding stuff	Scheine	
the green stuff	die Blauen	
a tenner	ein Zehner	
a score	ein Zwanziger	
a fiver	ein Fünfer	
kein Plural: 5 quid — **a quid**	1 Pfund	
coppers	1 und 2 Pence	
a grand	1000 Pfund	
bread, dough	Knete	
dosh	Asche, Mäuse	
Messing — **brass**	Moneten	
Schrapnell — **shrapnel**	Kleingeld, kleine Münzen	

Geld hat man — oder nicht. Alles von Pleite bis Reichtum:

to be skint	chronisch pleite sein
to be broke	blank sein
to be out of cash	keinen müden Cent haben
to have no change	kein Kleingeld haben
quid	Gewinn (Geld)

to put money in a kitty	gemeinsam Geld für etwas zur Seite legen
to put money	auf etwas Geld setzen
to put your money where your mouth is	Nägel mit Köpfen machen
to rake it in / to coin it in	viel Geld kassieren
to have loads / tons of money	eine Menge Geld haben
to be rolling in it	viel Geld haben
to be loaded	reich sein
to be stinking rich	stinkreich sein
to be filthy rich	mistreich sein
milking money	steinreich
He is milking money.	Er schwimmt im Geld.
It's milking (money).	Es läuft wie geschmiert. *Er melkt Milch.*
to have more money than sense	mehr Geld als Verstand haben
to be stingy / tight / tight-fisted	geizig sein
tight-arse	geizige Person
to splash out on something	etw. Teures / Unnötiges kaufen
to cost a bomb	teuer
full whack	voller Preis
to treat yourself	sich etwas gönnen
to flog	marktschreierisch verkaufen
a freebie	Werbegeschenk
a flutter	kleine Wette
a backhander	Schmiergeld

Billig, kitschig

cheap	billig
naff / tacky	kitschig
nasty	kitschig, hässlich

Bezahlen

© Sean Gladwell - Fotolia.com

to shell out	bezahlen
to dish out	ausgeben *(Geld)*
to pay cash-in-hand	sofort bar zahlen
to pay on the nail	prompt bar zahlen
to pay through the nose	zu viel bezahlen *(versäumte Frist)*
to cash a cheque	einen Scheck einlösen
to bounce a cheque	einen Scheck platzen lassen
to do a bunk / to do a runner	schnell verlassen, die Zeche prellen

to run a tab
in einem Pub die Kreditkarte hinterlegen, um nicht jede Rechnung einzeln zu zahlen

Do you want to open a tab?
Möchtest du anschreiben lassen?

Nosh & gobble

Rund ums Essen

Nun, England ist ja nicht gerade berühmt für seine Küche. Und auch in der Umgangssprache bin ich beim Thema Essen nicht besonders fündig geworden.

to be peckish	ein bisschen Hunger haben
to scoff	futtern, essen
to nosh / to grub	mampfen, futtern
to gobble / to scoff /	hinunterschlingen
to yam	*(in London)*
to eat like a horse	viel essen
a nosh-up	viel und gutes Essen
to stuff yourself /	sich vollstopfen
to stuff your face	
to make a pig	sich mästen
of yourself	
a gobbler	Vielfraß
guzzle-guts	Fresssack
a gannet	gierige Person
to murder food /	gierig essen / trinken
beverages	
to binge	zu viel essen oder trinken
to pig out	mit Lust viel essen
to be starving	halbverhungert sein
I could eat a horse.	Ich könnte ein ganzes Pferd essen.

Don't yam so fast!
Schling nicht so!

Essen

grub	das Essen
gungy	klebrig (Essen)
nibbles	Snacks, Knabbereien
crisps	Chips
a gobstopper	Dauerlutscher
spuds	Kartoffeln
veg	Gemüse
butty	Butterbrot
colli	Blumenkohl
mushies	Champignons
bangers & mash	Wurst & Erbscreme / cremige Erbsen
sarnie	Sandwich, belegtes Brot
clubber	Club-Sandwich
chippy	Fish & Chips-Laden
greasy spoon	billiges Café, schmieriger Imbiss

to grub = graben

to spud up = (Kartoffeln) ausgraben

Trinken

char	Tee
to make a brew / to brew up	Tee kochen
a cuppa	eine Tasse Tee
pop	Limonade
corporation pop	Leitungswasser
squash	Fruchtsirup
to be parched	Durst haben
liquid lunch	Alkohol zum Mittagessen

flüssiges Mittagessen

dive bar	ekliges oder hässliches Lokal
take away	zum Mitnehmen
yummy / scrumptious	lecker
veggie	Vegetarier
brekky	Frühstück
go to the dogs	verrotten

© turningtide, Fotolia.com

FISH CHIPS

Let your hair down

Durch Pubs und Nightclubs

In England ist das Mindestalter für Pubs 16; Alkohol darf jedoch nur an Über-18-Jährige ausgegeben werden.

Inzwischen wurde die Sperrstunde deutlich gelockert, so dass besonders in Großstädten die Pubs bis 2 Uhr geöffnet haben können.

Die Öffnungszeiten von Pubs sind unterschiedlich, mit Sicherheit haben sie aber zwischen 18:00 und 23:00 Uhr auf. Zehn Minuten, bevor der Laden schließt, ruft der Wirt Last orders please! — was heißt, dass jetzt die letzten Runden bestellt werden müssen. Häufig wird auch nur eine Glocke geläutet.

Das Mindestalter für den Eintritt in Discos und Nightclubs ist normalerweise 18 Jahre. Exklusivere Clubs setzen oftmals ein Mindestalter von 21 Jahren und mehr fest. Außerdem ist in vielen Nightclubs und Discos der besseren Klasse das Tragen einer Krawatte Vorschrift. Eine „Gesichtskontrolle" ist sowieso an der Tagesordnung.

Losziehen, einen draufmachen	
to hit the town	losziehen, einen Zug durch die Gemeinde machen
pub crawling	Kneipentour
to go on a bender	auf Sauftour gehen
to freak out	ausflippen
to let yourself go / to let your hair down	die Sau rauslassen

Die happy hour ist eine bestimmte Zeit, während derer Getränke billiger sind. Sie variiert von Pub zu Pub, manche haben sie auch gar nicht.

to boogie / to bop	tanzen
to have a blast	Spaß haben
to be on the lash	auf Achse sein
to cop off	mit jemandem losziehen
to have a bash / a do	Party machen
joyride	Spritztour *(Achtung: meist mit einem geklauten Auto)*

© DWP - Fotolia.com

Kneipen und andere Lokalitäten

offy	Laden, der Alkohol verkauft	*(off-license)*
boozer	Kneipe	
the local	Stammkneipe	
meat market	Aufreißer-Schuppen	*Fleischmarkt*

packed out	volles Lokal
poxy	schlechte Qualität, mieser Ort
hellhole	miese Spelunke
bouncer	Türsteher
punter	Kunde

Outfit

that's an old hat
das ist altmodisch, ein alter Hut

hand-me-downs
abgelegte Kleidungsstücke, die weitergereicht werden

done up like a dog's dinner
sehr fein angezogen sein

snazzy
auffällig elegant, gut gekleidet

to be tarted up
aufgedonnert (herausgeputzt) sein

to be dolled / done up
aufgemotzt / aufgetakelt sein

to slap-up / put one's face on
schminken

smellies
Parfüm, Badezusätze (die gut riechen)

kecks	Hosen
kicks	Sneakers
catsuit	Hosenanzug
boilersuit / jumpsuit	Overall, Blaumann
jumper	Pullover	*(leicht veraltet)*
dungarees / dungies	Latzhosen
flairs	breite Hosen
bell bottoms	Hosen mit Schlag
skinny jeans / skinnies	Röhrenhosen
pleated trousers	Bundfaltenhosen
undies	Unterhosen
knickers	Unterhöschen
gunties	Schlüpfer
passion killers	unattraktive Unterwäsche	*Lusttöter*
cozzie	Badeanzug
trainers	Sportschuhe
rag trade	Modeindustrie
to have streaks in your hair	Strähnchen im Haar haben
perm	Dauerwelle
to have a trim	Haare schneiden lassen
blow dry	föhnen
bleached hair	gebleichtes Haar
to tint your hair	die Haare tönen lassen
to dye your hair	die Haare färben lassen
split ends	Spliss

Bier

Es reicht auf keinen Fall, einfach nur „ein Bier" zu bestellen, da ist der Brite genauer. Erst einmal muss die Menge geklärt werden:

a pint	1 Glas (0,56 l)
a half	1/2 pint (= 0,28 l)

bevvy	Bier / alkoholisches Getränk
ale	aus Hopfen und Malz, stärker als Lager
best	„das beste Bier" des Pubs
bitter	enthält viel Hopfen, stärker als Ale
lager	vergleichbar mit unserem „Export"
low alcohol	alkoholarmes Bier (Leichtbier)
stout	dunkles, starkes Bier (z.B. Guinness)

draught beer	Fassbier
bottled beer	Flaschenbier
jar	Glas Bier
canned beer	Dosenbier
to pull a pint	Bier zapfen
a short measure	nicht vollgeschenktes Bier
beer belly	Bierbauch
free house	unabhängiger Pub
brewery	Brauerei

Saufen

booze / liquor	Alkohol
spirit	Spirituose
hard stuff	harte Sachen *(Alkohol)*
alcopop	süße alkoholische Mixgetränke
liqueur	Likör
bubbly	Sekt
short / chaser	ein Kurzer *(Schnaps)*
G & T	Gin Tonic

snakebite	Apfelsekt mit Bier	*Schlangenbiss*
lager and lime	Bier mit Limonensirup	
shandy	Radler, Alster	
plonk	billiger Wein	
toddy	britischer Glühwein	

to drink it (down) in one
kippen (in einem Schluck austrinken)

a swig of beer   **to gulp**
ein Schluck Bier   hinunterstürzen

to be a bottomless pit
wie eine Grube ohne Boden sein
jemand, der ununterbrochen trinken oder essen kann

to have hooch   **tippler / drinker / pisshead**
Alkohol zu Hause haben   Säufer

to go out on the piss   **This round is on me.**
einen draufmachen   Ich schmeiß 'ne Runde.

This round is on the house.
Diese Runde geht aufs Haus.

one for the road
einen auf den Weg

Cheers! / Cheerio! /	Prost!
Get that down your neck!	
Bottom's up!	Ex!
Sup up!	Runter damit!

to be tippled	angeheitert sein
to be squiffy	jemand, der gerne, aber nicht zu viel trinkt
to be merry	besoffen
to have achieved prime merryness	den höchsten Grad an Heiterkeit erreicht haben (= sehr besoffen sein)
out of sorts	neben sich stehen
to be pissed	sternhagelvoll (noch positiv gemeint)
to be wankered	sternhagelvoll (aber nicht mehr witzig)
to be arse-holed	so besoffen, dass man sich wie ein Arschloch benimmt
to be foecked	so besoffen, dass man am nächsten Tag einen Anwalt braucht

© mark penny - Fotolia.com

Weitersaufen

to be tipsy / fresh (N-England) /
to be tiddly
einen Schwips haben, angetüdelt sein

to be lagered up
von Bier betrunken sein

to be bollocksed
absturzbereit sein

to have had a bucket full
betrunken sein

**to be pissed / plastered /
rat-arsed / pie-eyed**
besoffen sein

to be pissed as a newt
besoffen wie ein Wassermolch

to be legless
(beinlos) breit sein

to be paralytic
(gelähmt) sturzbreit sein

to be well gone
ziemlich angetrunken sein

piss-artist / pisshead
Saufkopf, Säufer

Let your hair down

He couldn't organize a piss-up in a brewery.
Der ist so dumm, der könnte nicht einmal ein
Besäufnis in einer Brauerei organisieren.

I can't handle your drink.
Ich vertrage Alkohol nicht gut.

total besoffen sein ...

to be kaylied
to be bladdered
to be smashed *(zerschmettert)*
to be out of one's brains
to be out of one's head
to be out of one's mind
to be out of one's skull *(außerhalb seines Schädels)*
to be sloshed

zu viel gesoffen

to have a hangover	Kater haben
to have the shits	Durchfall haben
I'm poorly.	Mir ist schlecht.
to be ill	krank sein
to be sick	erbrechen, krank sein
to be crapulous	einen Kater haben
to have a thick head	einen dicken Kopf haben

the morning after the night before
Kater am Morgen nach einer Party

wie der aufgewärmte **to look like death warmed up**
Tod aussehen wie frisch aus dem Gulli gezogen aussehen

**to feel under the weather /
to feel off colour**
sich krank fühlen

to feel / look rough
dreckig / fertig aussehen, sich fertig fühlen

to feel like shit
sich saudreckig fühlen

to look like something the cat brought in
wie ausgekotzt aussehen

to be plastered
keine Miene zeigen, weil man so besoffen ist

to be as white as a sheet
bleich wie ein Leintuch sein

pavement pizza
Straßenpizza (Kotze auf der Straße)

Kotzen

to spew your guts up
to throw your guts up
to puke your guts up
to chuck one's guts up
to vomit
liquid laughter *(flüssiges Lachen)*
to chunder

It is an offence to drink alcohol in this area
PENALTY £500

© mbfoley, Fotolia.com

Spliff & ciggy

Andere Drogen

cig / ciggy / tab	Zigarette
cancer stick	Zigarette *(Krebsstäbchen)*
fag	Fluppe
cig-end / butt-end / tab end / dog end / fag end	Kippe, Zigarettenstummel
roll up	Selbstgedrehte
skins	Zigarettenpapier
baky	Tabak
to have a smoke	eine Zigarette rauchen
to light a cig / to spark up	sich eine anmachen
Crash us a tab.	Haste ma 'ne Kippe für uns?
to smoke like a chimney / trooper	wie ein Schlot qualmen

pot / gear / hash	Haschisch
weed / dope / grass / green / wacky baky	Gras, Marihuana
ACE	Marihuana-Joint
air-head	Kiffer
all lit up	high sein, ein Bekiffter
skunk	starke Marihuana-Sorte
bud	Marihuana-Blüte
to smoke a joint	Hasch rauchen
choged	high auf Marihuana
chong it	viel Hasch / Marihuana rauchen
hashcake	Haschkuchen

Spliff & ciggy

hubbly bubbly	Wasserpfeife für Hasch
get a build on	einen Joint bauen
to skin up	
hot rocks	Glut der Joints
zoot / number / j /	Joint
doobie / spliff / reefer	

coke / blow / gak /	Kokain
nose candy / chisel /	
devil's dandruff /	
chang / Charlie	
to snort	Drogen sniffen / schnupfen
line	Linie *(Drogen)*
coked up / beaked up	high auf Kokain
/ blowed up	
to shoot up coke /	Kokain schnupfen
to snort coke	

Teufelsschuppen

crack / rock /	Crack
freebase	
smack	Heroin
to fix	fixen
to shoot up /	Drogen spritzen
to jack up	
to chase the dragon	Heroin rauchen
tramlines	Wunden vom Drogenspritzen

Straßenbahnlinien

acid	LSD
E / ecstacy / XTC / disco biscuit	Ecstasy
bean	Ecstasy-Pille
littles	Pillen / Ecstasy
to pill it	Ecstasy nehmen
to be on E's	auf Ecstasy sein
E'd up	high auf Ecstasy

gary / tab	Droge in Pillenform
tranks / jelly	Beruhigungsmittel
downer	Beruhigungsmittel (oder etwas, das einen traurig macht)
upper	Aufputschmittel
K / Special K	Ketamin

High sein:

to be tripping your nuts off / to be high as a kite / out of it / spaced out / wiped out / lean / bollocksed / gone / charged / steaming / high / caned / stoned / mashed / trashed / blitzed / destroyed / doped up / wasted / battered / wrecked / slaughtered / to be off / to be off one's head / to be off one's tree / to be off your face / to be off one's tits / to have the buzz feeling / to be away with the pixies / to be on a trip

bummage	Gratiskippe
chain smoker	Kettenraucher
pusher	Dealer
junkie / druggie	Drogenabhängiger
smackhead	Fixer
spliffhead /	Kiffer
pot-head /	
hash-head	
pill-head	einer, der viele Drogen in Tablettenform nimmt (wie Ecstasy)
crackhead	Cracksüchtiger

to score (some drugs)
Drogen besorgen

to get a fix
Drogen einnehmen

to drop (drugs)
Drogen schlucken

to come down
nach Drogenkonsum wieder
herunterkommen

to be hooked
abhängig sein

cold turkey
kalter Drogenentzug

Flicks or goggle box ?

Kino & Fernsehen

Wenn Sie sich in der Zeitung einen Film aussuchen wollen, finden Sie daneben in Klammern Zahlen, die Ihnen sagen, ab welchem Alter der jeweilige Film geeignet ist. Meistens sind das: 12, 15 und 18 Jahre. In Deutschland bedeuten die Zahlen die Laufzeit des Films in Wochen, also nicht verwechseln! Neben der Altersangabe gibt es noch zwei Buchstabencodes, „PG" und „U". „PG" steht für parental guidance und bedeutet, dass der Film einige brutale Stellen enthält, die für Kinder nicht unbedingt geeignet sind. Nichtsdestotrotz sind Kinder und Jugendliche für diese Filme zugelassen, auch ohne Eltern. „U" steht für universal und heißt, dass dieser Film für alle Altersgruppen geeignet ist.

© H. G. Semsek

Flicks or goggle box?

Kino

Die Briten haben viele Wörter für „Kino": pictures, flicks, pickies, movies.

preview	Vorschau
trailer	Ausschnitt zur Vorschau
matinee	Nachmittagsvorstellung
a late show	Spätvorstellung
chick flick	Film für Mädchen *(romantisch)*
to budge up	aufrücken *(Sitzplatz)*
big cheese (VIP)	wichtige Person (VIP)

No Sex Please – We're British. Unter diesem Titel entstanden ein Spielfilm und eine Comedy, die nach etlichen Jahren immer noch auf einer Londoner Bühne gespielt wird. Und mit Erfolg! Die Qualität ist vergleichbar mit unseren Lederhosen-Jodel-Filmen aus den 1960er und 70er Jahren.

TV

Namen für den Fernseher: telly, tube, „goggle box

quiz show	Quizsendung
a soap opera	Seifenoper, „Soap"
sitcom	Situationskomödie
variety show	Varieté
square eyes	Dauerglotzer
glued to the telly	fernsehsüchtig
channel surfing	Zapping
to clap eyes on	etwas erstmals zu sehen bekommen
zapper	Fernbedienung
Beeb	BBC
footy	Fußball

Give me a tinkle

Telefonieren

Die meisten Menschen in Großbritannien telefonieren mit dem mobile phone. Die berühmten roten Telefonzellen findet man kaum noch. Man zahlt derzeit keine Roaming-Gebühren , sondern nur die Gebühren des eigenen Inlandstarifs. Nach dem Brexit dürfte sich das aber ändern.

In der Post kann man nicht telefonieren. British Telecom *ist privatisiert und hat nichts mit* Royal Mail *zu tun.*

© H. G. Semsek

Give me a buzz!	Ruf mich mal an!
Give me a tinkle!	Ruf mich an!
Give me a ring!	Klingel mal durch!

Surfing the Web

Internet

Das Internet wird auch in Großbritanien immer wichtiger und avanciert mehr und mehr zum Hauptmedium.

Neben der netiquette *(Etikette im Netz)* wird auch der web slang *(Netzjargon)* immer gebräuchlicher. Hier ein kleiner Überblick:

cyberspace	Internet-Welt
eddress	E-mail-Adresse
net-head	vom Internet besessene Person , Net-Junkie
cyberpunk	Nonkonformist des Internets, Cyberpunk
nick / nickname	Spitzname
flame	ruppiger Kommentar, Beleidigung im Web

web slang

afaik	*as far as I know*	soweit ich weiß
afk	*away from keyboard*	nicht an der Tastatur
aka	*also known as*	auch bekannt als
ama	*ask me anything*	kannst mich alles fragen
bae	*before anyone else*	er / sie hat für mich Priorität
bb	*bye bye*	bis bald!
brb	*be right back*	bin gleich wieder da
btw	*by the way*	übrigens
cu	*see you*	bis dann!
cya	*see you*	bis bald!
dafuq	*what the fuck (s.a.: wtf)*	Was 'n das für 'n Scheiß?!
e.g.	*exempli gratia (Latein)*	zum Beispiel
faq	*frequently asked questions*	oft gestellte Fragen

4e	*for ever*	für immer
fml	*fuck my life*	verdammt!
FOMO	*fear of missing out*	aus „Torschlusspanik"
4u	*for you*	für dich
gm	*good morning*	guten Morgen
gn	*good night*	gute Nacht
grats	*gratulations*	Glückwünsche
ICYMI	*in case you missed it*	Falls du es verpasst hast / nicht wissen solltest ...
IDGAF	*I don't give a fuck*	Ich scheiß drauf.
i.e.	*id est (Latein)*	das heißt
irl	*in real life*	im echten Leben
jk	*just kidding*	war nur Spaß
l8r	*later*	später
lmao	*laughing my ass off*	lache mir den Arsch ab
afaik	*as far as I know*	soweit ich weiß
lol	*laughing out loud*	laut lachen, lache ganz laut
mom	*moment*	einen Augenblick
nc	*no comment*	kein Kommentar
noob	*newbie*	Neuling, Anfänger
np	*no problem*	kein Problem
omg	*oh my God!*	oh mein Gott!
PAW	*parents are watching*	Eltern schauen zu.
re / re	*return(ed) / reply*	wieder da / antworten
rofl	*rolling on the floor laughing*	lachend über den Boden rollen
rtfm	*read the fucking manual*	lies das Handbuch!
SMH	*shake my head*	Ich kann's nicht fassen.
sry	*sorry*	Entschuldigung
2f4u	*too fast for you*	zu schnell für dich
thx	*thanks*	danke
2L8	*too late*	zu spät
TL;DR	*too long didn't read*	zu lang, hab' es nicht gelesen
ty	*thank you*	dank dir!

To do your business

u2	*you too*	du auch
w8	*wait*	warte
wb	*welcome back*	willkommen zurück
we	*weekend*	Wochenende
wtf	*what the fuck*	Was zum Teufel?
xmas	*Christmas*	Weihnachten
YOLO	*you only live once*	Man lebt nur einmal – mach das!

To do your business
Klo & Co.

Auch dieses Thema wird des Öfteren umgangsprachlich behandelt. Hier eine Auswahl:

karzy / little boy's / girl's room	Toilette
loo / bog / lav	Klo
shithouse	Scheißhaus
loo-roll / bog-roll	Klopapier
to do your business	aufs Klo gehen
to be bursting to go	ganz dringend müssen
poo / poop	Scheiße
turd	Kackwurst
to have a shit 💣* /	scheißen, einen Bob in die
to have / to take a dump 💣* /	Bahn werfen, einen Kaktus
to drop a log /	pflanzen, die schwarze Mamba
to take the browns to the	zähmen,
superbowl / to drop a deuce /	eine Zwei werfen,
to plant a tree /	einen Baum pflanzen,
to give birth to a spineless	einen grätenlosen braunen
brown fish	Fisch gebären
to have a crap 💣*	kacken

to have the squits /	Durchfall haben,
to have the trots /	Flitzekacke haben,
to have a Delhi belly /	Dünnschiss haben,
to have the shits	den flotten Otto haben
to have a piss 💣 / to spend a penny /	pissen, pinkeln, einen
to take a leak / to slash /	Penny ausgeben,
to have a wee / pee /	pieseln, die Hauptvene
to take a whizz / to drain the main vein	entwässern
to shake hands with the wife's best	pinkeln gehen,
friend 💣 / to show Percy to porcelain	dem kleinen Mann die
	große Welt zeigen

Für artverwandte Bedürfnisse stehen folgende Begriffe zur Auswahl:

to poop	pupsen
to fart 💣 / to cut one	furzen
air biscuit	Furz
Get out and walk Donald!	Geh raus und furz draußen! (*Führ Donald Trump spazieren!*)
butt trumpet	lauter Furz (*Hinterntrompete*)
boom-boom	lauter Furz
anal audio / a stinker / a fluffy	Pups
to answer the call of the white burrito	einen Pups lassen, bevor man kackt
to let one out / to break wind /	einen fahren lassen
to pass wind / to let one go (off) /	
to let (one) rip / to backfire	
butt-truffles	Arsch-Trüffel
floaties	Rückstände im Klo

chocolate banana	Kackwurst
fudge machine / doogy maker	Arsch
niff / whiff	schlechter Geruch
pong	Gestank

To chat and blabber
Die lockere Sprache des Alltags

Hier eine Sammlung allgemeiner, lockerer Ausdrücke. Ich habe versucht, sie so gut wie möglich zu sortieren; Überschneidungen ließen sich aber auch hier nicht immer vermeiden.

Verrückt, ausgerastet

to be balmy (crazy) / barmy / batty / gaga / crackers / doolally / loopy / round the twist / bonkers
verrückt / meschugge / deppert / abgefahren sein

to be one sandwich short of a picnic
ein Sandwich fehlt zum Picknick
verrückt, exzentrisch

to have a screw loose
eine Schraube locker haben

to go bonkers / bananas / nuts
ausflippen, verrückt werden

to be not all there / off your trolley / off rocker
sie nicht mehr alle haben

to be out of it
nicht ganz dabei sein

to have lost your marbles
nicht alle Murmeln beisammen haben
nicht alle Tassen im Schrank haben, durchdrehen

to be wacky / potty / nutty / dotty
exzentrisch , etwas verrückt sein

to be puddled   **schizzo**
durcheinander sein   Verrückter, Schizo

to be as mad as a hatter
verrückt wie ein Hutmacher sein
total verrückt sein

**krankie / mad bastard / basket case / nut-job /
nutter / wacko / headcase / freak / psycho**
Verrückter, Ausgeflippter

crackpot
exzentrische / ausgeflippte Person

looney bin / nut-house / funny farm
Irrenanstalt, Klapsmühle

**to go haywire / to blow one's top / to throw / have
an eppy / to flip one's lid / to go mental / to go
spare / to go paddy / to go ape shit** ●
ausrasten, ausflippen, einen Wutanfall bekommen

Quasseln, Brabbeln usw.

Außer dem bekannten talk gibt es noch eine Vielzahl von Wörtern, die „reden" genauer beschreiben.

He can talk the hind leg off a donkey.
Er kann einem Esel das Hinterbein abquatschen.
Er labert wie ein Wasserfall.

to chinwag / chat / gab / yack / gas
schwatzen, quatschen, quasseln

to natter	labern
to mumble	murmeln
to mutter	nuscheln
to whisper	flüstern
to blabber	plappern
to rabbit on	ununterbrochen plappern
to mouth off	laut Unsinn sagen
to waffle	brabbeln
to gossip	tratschen
to talk sense	gescheit daherreden
to talk rubbish / to talk gibberish / to talk gobbledygook / to talk out of your arse 💣*	Unsinn reden
to babble	viel reden
to scream blue murder	laut schreien

to talk double Dutch / gobbledygook
unverständlich / Kauderwelsch reden

chatterbox / motor mouth / blabbermouth
Plappermaul, Quasselstrippe

gabby

Quasseltante

gift of the gab
Quassel-Begabung
Geschwätzigkeit

verbal diarrhoea
Verbal-Durchfall
pausenlos reden

to yap / to talk through your elbows
sehr viel reden

all talk, no trousers / all talk, no cock
nur Gerede, Ankündigungen ohne Konsequenzen

to talk in circles / to beat around the bush
viel reden, aber nichts Gescheites sagen

to bend someone's ear
jemandem ein Ohr abkauen, jemanden vollquatschen

to talk someone round
jemanden überreden

to talk someone into something
jemanden überzeugen, zu etwas überreden

to talk someone out of something
jemandem etwas ausreden

**to sweet talk / to smooth talk / to lick up to /
to lick (someone's) arse** 💣
Süßholz raspeln, schmeicheln

to nag / to witter / to whinge
nörgeln, jammern, sich beklagen

to spill one's guts out
sein Herz ausschütten
(die Wahrheit / private Sachen erzählen)

you can't get a word in edgeways
kein Wort dazwischen kriegen können

to bang on about (something)
etwas immer wieder sagen

to dish the dirt
über jemanden herziehen, tratschen

to be economical with the truth
nicht die ganze Wahrheit sagen

to earwig
die Unterhaltung anderer mithören

**to spill the beans /
to let the cat out of the bag**
ein Geheimnis ausplaudern,
die Katze aus dem Sack lassen

it's early days
zu früh, um zu sagen, was daraus wird

to make no bones about something
direkt zur Sache kommen

all mouth and no trousers
Große Klappe, nichts dahinter

to get down to the nitty-gritty
zur Sache kommen *(unangenehm)*

**to send someone to Coventry /
to give someone the silent treatment**
extra nicht mit jemandem reden

© H. G. Semsek

To chat and blabber

Begrüßen / Verabschieden

Hi! / Hiya! / Greetings!	Hallo!
How are you? **Howaya? /**	Wie geht's?
How's it hanging? /	
How's tricks?	
How are things? **How's things?**	Wie schaut's aus?
What's cooking?	Was ist los?

Long time no see! / Hello stranger!
Lange nicht gesehen!

Haven't seen you in donkeys' years! /
Haven't seen you for yonks!
Ewigkeiten nicht mehr gesehen!

Haven't heard a dicky-bird from them!
Hab' nichts von ihnen gehört!

Fancy meeting you here!
Du auch hier?

Hold on a sec! / Hang on (a minute / sec)!
Warte mal 'ne Sekunde!

Wait on!	Wart mal!
Hold your horses!	Nun warte mal eben!
Just a sec / minute! /	Moment mal!
Hang about!	
Won't be long!	Wird nicht lange dauern!
See you / ya later! /	Bis später!
See you in a (wee) bit!	

To chat and blabber

See you / ya!	Bis bald!
See you in a tick!	Bis gleich! / sofort!

Toodle-oo! / Tara! / Cheers! / Bye! / Cheerio! / See you later!
Tschüss!

Jemanden besuchen

to drop by / to drop in / to pop by / to pop in / to nip in / to pop round
hereinschauen, vorbeikommen

to look in on someone
schauen, wie es jemandem geht
(meistens alte Leute)

to call round / to browse around
vorbeikommen

to have a rummage
im Laden rumgucken / stöbern

Ach was!

Wenn man in einem Gespräch seiner Überraschung Ausdruck verleihen will, fehlen einem oft die Worte. Hier eine kleine Auswahl.

You're pulling my leg!	Du machst Witze!
You're having me on!	Du nimmst mich auf den Arm!
You must be joking!	Glaub' ich nicht!

Diese Ausdrücke bedeuten im Grunde eigentlich alle „Ach was!".

You're kidding!	Du scherzt doch!
a wind up	Scherz / jmd. ärgern
Pull the other one!	Erzähl das einem Anderen!
Come off it!	Erzähl doch nichts!
Get away!	Geh doch weg!
You don't say!	Ach sag bloß!
Get real!	Sei ernst! / Red keinen Quatsch!
baloney / cobblers / codswallop	Quatsch / Unsinn
Pull the other one!	Quatsch!
headfuck 💣*	Unbegreifliches

Keine Ahnung!

I haven't got a clue! / No idea! / I don't have the foggiest (clue)!	Keine Ahnung!
It's news to me.	Das wusste ich nicht.
I'm not bothered!	Ist mir egal!
I don't give a stuff!	Ist mir egal / wurscht!
I don't give a shit 💣* / damn / toss!	Ist mir doch schnurzpiepe!
big deal!	Na und?

Nein!

Nope!	Nein!
It's out of the question!	Kommt überhaupt nicht in Frage!

It's not on!	Kommt nicht in die Tüte!
It's unheard of!	Das gibt's nicht!
By no means! / No way! / Not by a long chalk! /	Auf keinen Fall!, Auf keinsten!
Fanny magnet! / Fat chance! / Eck as like! / Like fuck! 💣 / Bollocks to that! 💣	
sod this for a lark	Das auf keinen Fall!
can't be arsed 💣	keine Lust
Blow it!	Vergiss es!
Leave it out!	Lass es sein!
iffy	zweifelhaft, suspekt

Zustimmen, etwas mögen

Yeap!	Ja!
Sure!	Natürlich!, Klar!
Not half!	Auf jeden Fall!
straight-up	wirklich, ehrlich!
Bob's your uncle!	Da hast du's!
Too right!	Hast recht!
Nice one!	Toll!
I'm game!	Bin dabei!

dead cert / bang on / deffo
genau, bestimmt

to take the biscuit
den Nagel auf den Kopf treffen; zutreffend

To chat and blabber

den Keks nehmen **something tickles your fancy**
etwas sehr mögen

to be my cup of tea
genau mein Ding sein

to be up for it
Bock auf etwas haben

**to be your kind of thing /
to be right up your alley**
genau das Richtige für dich

to have a soft spot for someone / something
eine Schwäche für jemanden / etwas haben

© Yannik Labbe, Fotolia.com

to fit like a glove
wie angegossen passen

creature comforts
Komfort

all mod cons
mit allem Drum und Dran *(Komfort)*

to get a brownie point
Sternchen bekommen *(für gutes Benehmen)*

Glücklich sein

to be a happy bunny / **to be happy as Larry** / **to be made up**	glücklich sein
to be in heaven	im Himmel sein
to be on cloud nine / **to be over the moon**	auf Wolken schweben
to be chuffed to bits / **to be chuffed to pieces** / **to be thrilled to bits** / **to be thrilled to pieces** / **to be chuffed to buggery** / **to be chuffed to fuck** ●	sehr glücklich sein
to be tickled pink / **to be ecstatic**	überglücklich sein *rosa gekitzelt sein*
I feel great.	Mir geht's saugut.
to be as right as rain	kerngesund sein

To chat and blabber

Super!

a classic	ein unvergessliches Erlebnis
ace	Klasse, voll gut
fab / fabulous	saugut, klasse, voll gut
brill / brilliant	spitzenmäßig, klasse, toll
a okay	erste Sahne / klasse
hot shit 💣	hammergeil
a beaut(y) / stunning / groovy	toll, super
mind blowing	abgefahren
okey dokey	okay, alles klar
super / superb / gnarly / sweet / large / lovely-jubbly	super
smashing	super, sehr gut
great / wicked / splendid	großartig, geil, total gut
amazing / awesome	unglaublich, geil, klasse
sound	super, nice
gobsmacking	umwerfend
a killer	zum Schießen, toll
piece of cake / piece of piss 💣	einfach puppig!
to rave about something	von etwas schwärmen
to be mad for it	verrückt danach sein
belter	was Tolles
corker	etwas Gutes

belting / cracking / pukka	toll
cushy	gut
a knock-out / sensational / bloody marvellous / it's a scream / super dooper	großartig

Oft wird vor den Ausdrücken bloody *gesagt. Man muss aber genau auf den Zusammenhang oder den Ton, in dem es gesagt wird, hinhören, denn meistens ist es ironisch gemeint.*

It's the best thing since sliced bread.
Das Beste seit der Erfindung von geschnittenem Brot.
Es ist einfach toll.

We had a hell of a good time.
Wir hatten eine großartige Zeit.

It's just what the doctor ordered.
Das ist genau das, was ich brauche.

Genau das hat mir der Arzt verschrieben.

better than a slap in the face
besser als gar nichts

besser als ein Schlag ins Gesicht

to have a laugh / to have a whale of a time
Spaß haben

to have a good crack
eine spaßige Zeit haben

to giggle
kichern, Spaß haben

to crease up
viel lachen

sich nass machen **to wet oneself**
sehr viel lachen, sich bepissen vor Lachen

die Knie der Biene **to be the bee's knees**
das Beste vom Besten sein

a sight for sore eyes
eine Augenweide

Cool, in

coolio	cool
to have street cred	ein cooles Image haben
it's all the rage	in, modisch
to be trendy / to be with it	modisch sein, „in" sein
to be in with the crowd	mit der Masse gehen, „in" sein
trendsetter	jemand, der modisch genug ist, um eine neue Mode zu starten
a happening place	ein „In"-Lokal
a happening person	eine Person, die „in" ist

Genervt sein

to do one's nut	nerven / irritieren
to get on one's wick / to get up one's nose	jemanden nerven
to be stroppy	launisch sein

© Judy Tejero Photography, Fotolia.com

to be narked off /	wütend / genervt sein
to be hacked off /	
to be cheesed off /	
to be pissed ● off /	
to be fucked ● off	
to be gutted	traurig, enttäuscht
to be as sick as a parrot	traurig, enttäuscht *(über Verlust)*
to be brassed off / to be wound up	genervt sein
to naffed off	genervt / böse / traurig sein
to be at the end of your tether	total gestresst / genervt sein
to be at your wit's ends	mit seinem Latein am Ende sein
to be narky / to sulk / to be arsey	schlecht gelaunt sein / beleidigt sein
to create	einen Aufstand machen

to have a face on	sichtbar schlecht gelaunt sein
to be in a huff	schlechte Laune haben
to fanny about / around / to muck about / around / to fart about / around / to arse around / to fart arse about	Quatsch machen
tosh	Unsinn
Ladung Scheiße **load of crap**	Unsinn, Stuss
to get one's knickers in a twist	sich aufregen
to be bored out of one's skull / to be bored shitless	total gelangweilt sein
jemandem die Hose runter- **to bore the pants off (someone)**	jemanden langweilen
langweilen **drippy**	langweilig / uninteressant

Fluchen

Für jeden gibt es am Tag mindestens einen Anlass, „Mist" oder „Scheiße" zu sagen. Die folgenden Wörter bedeuten alle eben genau das.

fuck 💣* / **flaming heck** / **fucking hell** 💣* / **bloody hell fire** / **fucking hell fire** 💣* / **shit** 💣* /**shite** / *Arschficker* **bugger** 💣* / **bag of shite / a pile of shite**	Scheiße! / Superscheiße!

sugar! / snap!	(*statt* shit!)	*Zucker*
fucking Norah!	Mensch Meier!	
bloody Norah /	Mist! / Verdammt!	
gosh / dash /		
damn / God damn		
damn / dash it all /	Verdammt nochmal!	
God damn it /		
blooming /		
flipping heck /		
flaming hell /		
for fuck's sake 💣		
crikey / blimey /	Verdammt! / Ach was!	
Gordon Bennett		
frigging	verdammt / verflixt	
bollocks 💣 **/ balls**	Mist! / Kacke!	
nuts	Mensch! / Verdammt!	*Hoden*
It's the pits /	Mist!	*Nüsse*
crap 💣 **/ naff!**		
lousy / shitty 💣	total verfickt	
too bad for words /	totaler Mist	
piss poor 💣		
bloody awful /	beschissen	
crappy / shitty 💣		
That's not on! /	Kommt nicht in Frage!	
No way!		
For crying out loud!	/ Um Gottes Willen!	
For fuck's sake! 💣 **/**		
For Pete's sake!		
crumbs / blimey	Mensch!	
(Oh) Jesus	Ach Gott!	
(Oh) Jesus Christ		
(Oh) Christ		
(Oh) God		

Angst haben

to crap yourself / your pants /
to shit yourself / your pants /
to shit a brick / bricks / to have kittens
Angst haben

to get / to have the willies / the heebie-jeebies
Fracksausen haben, Zustände kriegen

something gives you the willies /
something gives you the creeps
etwas, das einen nervös / ängstlich macht

put the willies up someone
jemandem Angst einjagen

to scare the pants off /
to scare the shit out of someone
die Scheiße aus einem raustreiben
jemandem eine Heidenangst einjagen

scaredy-cat / big girl's blouse
Angsthase, Feigling

scared shitless
eine Scheißangst haben,
sich vor Angst in die Hosen machen

Fertig sein, müde sein, K.O. sein

to be knackered	*geschunden*
to be wacked	
to be done in	
to be buggered	
to be cream crackered	
to be worn out	

© Tim Hutchings

to be shagged	geschafft sein
to be pooped	geschlaucht sein
to be fucked	abgefuckt sein
to be tired out	erschossen sein
to have had it	die Schnauze voll haben
to be drained	wie trockengelegt sein
to feel like a zombie	sich gerädert fühlen

61

Ausruhen, pennen

to feel drowsy
schläfrig sein

to be shattered
total müde sein

**to chill / chill out /
to veg / veg out**
chillen / abhängen

to snooze / to have a snooze
ein Nickerchen machen

to have / take a nap
ein Schläfchen machen

to flake out
sofort einschlafen

to doss down
auf dem Boden / ungemütlich schlafen

to sleep like a baby
wie ein Baby schlafen

to sleep like a log
wie ein Murmeltier schlafen

**I was out like a light. /
I was out as soon as I hit the pillow.**
Ich war sofort weg.

to be dead to the world
im Tiefschlaf sein

to be in the land of nod
im Land der Träume sein

haven't slept a wink
kein Auge zugemacht haben

sack	Bett
jimjams	Pyjama
to hit the sack / to hit the hay	ins Bett gehen
forty winks / to crash out	schlafen
to nod off	einknacken
to doze off	einpennen *(vor dem Fernseher usw.)*
to have a kip	pennen
to zonk out	wegratzen, schnell in tiefen Schlaf fallen
sleepyhead	Schlafmütze

40 mal zwinkern

Glück haben / Pech haben

**to be lucky / jammy /
to be sporny / flukey**
Glück haben

**tough / tough luck /
hard cheese /
lines / tough shit** 💣
Pech gehabt

© H. G. Semsek

A person's got to face the music.
Man muss sich mit der Wahrheit abfinden.

to make a balls of something
verpfuschen

to balls something up
Scheiße bauen

to have better luck next time
beim nächsten Mal mehr Glück haben

to be third time lucky
beim dritten Mal Glück haben

to put your foot in it
ins Fettnäpfchen treten

Another one bites the dust.
Und noch einer beißt ins Gras.

Life's a bitch.
Das Leben ist eins der härtesten.

grief	Ärger, Kummer
down in the dumps	traurig
to lose one's bottle	den Mut verlieren
to be in deep shit	tief in der Scheiße stecken
hang-up	Trauma, emotionales Problem

Verspotten

Bei den Engländern ist es sehr beliebt, den Gesprächspartner auf den Arm zu nehmen, um zu testen, ob er Humor hat.

Hat man diesen Test bestanden und ist man in der Lage, über sich selbst zu lachen und zu kontern, hat man schon eine große Hürde genommen.

**to take the piss out of someone /
to take someone for a ride /
to rip someone off**
jemanden verarschen

**to take the mickey out of someone /
to have someone on**
jemanden auf den Arm nehmen

to fuck 💣 / mess with someone / something
jemanden an der Nase herumführen /
stark ärgern / verarschen

to make fun of someone
sich über jemanden lustig machen

to get at someone
jemanden ärgern, anmachen

to pick on someone
jemanden veralbern

to slag someone off / to bitch about someone / to badmouth somebody
über jemanden lästern

to be on someone's case
jemanden nicht in Ruhe lassen

to be sarky
sarkastisch sein

Schnell!

Chop chop! / Hurry up! / Step on it! / Get your skates on!	Beeil dich!, Hopphopp!, Komm aus dem Quark!, Sattel die Hühner!
Move yourself! / Get going!	Beweg dich!
Get cracking!	Fang an!
Make it snappy!	Mach schnell!
Get moving! / Get a move on!	Mach zu!
Move your arse! 💣*	Beweg deinen Arsch!
to get one's arse in gear 💣*!	seinen Arsch in Bewegung setzen, sich aufraffen
Put your foot down!	Gib Gas!
Pull your finger out!	Drück auf die Tube!
to make a bee-line for something	schnell / direkt auf etwas zugehen
to go like the clappers	sehr schnell gehen
to get stuck in	sich in etwas richtig reinknien

like a blue arsed fly	schnell
to dilly-dally	trödeln

wie eine Fliege mit blauem Arsch

Halt die Klappe!

Shut your mouth / face!	
Shut your gob!	
Shut your trap!	
Button it!	
Zip up! / Zip it	

Schleimklumpen
Falle
Knöpf's zu!
Zieh den Reißverschluss zu!

cut the crap! ●
Red nicht so einen Scheiß!

to blank somebody /
to give someone the cold shoulder
jemanden ignorieren

Hau ab!

Get lost! / Beat it	Verschwinde!
Get stuffed!	Verzieh dich!

Buzz / shove / push off!
Zieh Leine! / Zisch ab!

Scram! / Drop dead!	Hau ab!
On your bike!	Ab mit dir!
Don't bug me!	Geh mir nicht auf den Geist!
Get out of my sight! /	Verschwinde aus
Get off my back!	meinem Blickfeld!

Fall tot um!
Steig auf dein Fahrrad!

To chat and blabber

You get up my nose!	Du gehst mir auf die Nerven!
You get on my tits!	Du gehst mir auf den Sack!
Eff off! 💣 / **Get knotted!**	Verzieh dich!
Butt out!	Halt dich da raus!

Give up / over!
Hör auf!

Put a sock in it! / Lay off! / Give it a rest!
Halt die Klappe!, Hör auf!

© Morgan Rauscher, Fotolia.com

DON'T EVEN THINK OF PARKING HERE

68

Go and screw! 💣 / Fuck yourself! 💣
Hau ab!, Fick dich ins Knie!

Bugger off! 💣 / Piss off! 💣
Verpiss dich!

Fuck off! 💣
Verpiss dich!, Fick dich selbst!

Streit, Gewalt

to be in deep shit
in der Scheiße stecken

**to get someone told /
to put someone in their place**
jemandem sagen, was Sache ist

to lecture someone / to preach someone
jemandem eine Gardinenpredigt halten

to tell someone off
jemanden ausschimpfen

to get a rollicking
ausgeschimpft werden

to give someone a bollocking
jemanden zur Schnecke machen

to put your foot down
etwas nicht zulassen

To chat and blabber

to grill someone
jemanden ausfragen

Behalt dein Haar auf! **Keep your hair on!**
Beruhige dich!

to hate someone's guts
jemanden hassen

in der Hundehütte sein **to be in the doghouse**
in Ungnade gefallen sein

to have one's guts for garters
aus jemandem Hackfleisch machen

to fall out with someone
mit jemandem Krach haben

Pull your socks up!
Reiß dich zusammen!

jip	Ärger
aggro	Aufstand, Terz
a barney / argy-bargy	Streit
to give someone the evils	jemanden schief angucken
to paste	verprügeln
a scrap	Schlägerei
jemandem eine kleben **to smack / to bash / to belt / to punch / to thump**	schlagen, prügeln
to wallop someone / to slap someone	jemanden schlagen

to whack someone / to flatten someone
jemanden verprügeln

to smash someone's head in
jemandem den Kopf einschlagen

to beat someone's brain out
jemandem die Scheiße rausprügeln

to beat someone up / to hammer someone
jemanden zusammenschlagen

to kick the shit out of someone 💣
jemanden halbtot schlagen

to bump someone off
jemanden umlegen

to get the rap
einen Anschiss kriegen

to be scared out of your wits
furchtbare Angst haben

granny basher   *Oma-Angreifer*
einer, der alte Frauen überfällt

Paki basher 💣   *(vor allem Pakistani)*
einer, der Asiaten verprügelt

queer basher 💣
einer, der Schwule verprügelt

Weinen

to sob / to boo	heulen
to cry your eyes out	sich die Augen ausweinen
to cry your heart out	sich die Seele aus dem Leib heulen
to pour your heart out to someone	jmd. sein Herz ausschütten
snot-rag / hankie / nose-rag	Taschentuch, Rotzlappen
hooter	Nase, Zinken

Verbrechen

dodgy / dicey
riskant, gefährlich

hairy
knifflige, heikle Sache

to dodge the law
dem Gesetz entweichen

to drop (someone) in it
jemanden in eine Sache reinreiten, Ärger bringen

to do the dirty on someone
jemanden betrügen, übel mitspielen

Lass den Reiß-
verschluss zu!
Keep it zipped!
Behalt das für dich!

to get away with murder
ungeschoren davonkommen

to be bent /	unehrlich sein,
to nick something /	etwas klauen
to pinch something	
fallen off the back	vom Laster gefallen
of a lorry	*(= gestohlen)*
to hot-wire	Auto ohne Schlüssel starten
to hit and run	jemanden überfahren und dann Fahrerflucht begehen
to leg it	abhauen
to peg it	weglaufen *(bei Gefahr)*
fence	Hehler
to be on the fiddle	faule Geschäfte machen
to fiddle	schummeln, betrügen
to pull a fast one	betrügen
con artist	Betrüger *(Geld)*
diddle (con) / rip-off /	Betrug
scam	
(to) snitch	petzen, Petze
to be on the take	bestechlich sein
funny business	faule Sache

the Old Bill / the boys in blue
die Polente

the pigs 💣 / the cops / the filth / the bizzies
die Bullen

Gefängnis

cop shop	Polizeistation
slammer (*von* to slam)	Knast
nick	Bau
cell	Zelle
bail	Kaution
to get nicked	gegriffen (*verhaftet*) werden
to get done	verurteilt werden
to get sent down	ins Gefängnis müssen
to bang (someone) up	Jemanden ins Gefängnis stecken, einknasten
to do time	seine Zeit absitzen
porridge	Zeit im Gefängnis, Haftzeit
to be inside	einsitzen
to be behind bars / banged up	hinter Schloss und Riegel sitzen
to hack it	aushalten

(Tür) zuknallen — appears beside **slammer**

Sterben

Kerze ausblasen **to snuff it**
ins Gras beißen

to kark it
sterben

die Gänseblümchen hochdrücken **to be pushing up the daisies**
die Radieschen von unten betrachten

to kick the bucket	den Löffel abgeben	*den Eimer umstoßen*
to pop off	abkratzen	
to drop dead	unerwartet sterben	
dead as a dodo /	mausetot	**dodo:** *ausgestorbene*
dead as a doornail		*Vogelart*

Körperliches

dwarf / midget ●* /	Zwerg, Knirps,	
titch / shorty /	Winzling, kleine Person	
short-arse ●*		*Kurzarsch*
dumpy	klein und dick	
plump / chubby	mollig, pummelig	
to be on the chubby side	etwas pummelig sein	
to have spare tyres	Fettrollen / Rettungsringe haben	
love handles	Speck auf den Hüften, Rettungsringe	*Liebesgriffe*
chubbychops	pummeliges Gesicht	
meaty / stocky	kräftig gebaut, fett	
dumpling	Kloß, Pummel	
pudding	pummelige Person	
porkie / porker	Dickwanst	
fatso / lard-arse	Fettwanst, Fettarsch	
cuddly	knuddelig	
shithouse ●*	fett und wenig Hirn	
built like a brick	groß und muskulös	*wie ein Backstein gebaut*
lanky	Lulatsch	
skinny / scrawny / puney	mager, dünn	
scraggy	dürr, knochig	

to be built like a matchstick	dünn wie ein Streichholz sein
thin as a rake	Bohnenstange
to be knock-need	X-Beine haben
to be bowlegged	O-Beine haben
follicularly challenged	kahlköpfig
pizza face	Pickelgesicht
peahead / pinhead	Person mit kleinem Kopf
wimp	Schwächling
skanky	unangenehm riechend
grungey	dreckig, ungepflegt
grotty	unangenehm, dreckig
yucky / manky / scabby	eklig, unangenehm
cringeworthy	besonders eklig, schauderhaft
to be the dead ringer for someone / to be the spitting image of someone / to be the double of someone	genauso wie jemand anders aussehen
a look-alike / doppelganger	Doppelgänger

Gesicht wie eine Pizza

Erbsenkopf / Stecknadelkopf

(von yuck = igitt)

Arbeit

to be on the dole / doley
arbeitslos sein

Fußmatte **dogsbody / mug / muggins / doormat**
Mädchen für alles, der Arsch vom Dienst
(Person, die nur ausgenutzt wird)

76

to crack on
weiter machen, arbeiten

botch job
schlechte Qualität, schlechte Arbeit, Pfusch

dog's dinner
schlechte Arbeit, in die Hose gegangen

to give something a once-over
etwas überprüfen, nochmal drüberlesen

to use one's loaf
denken, mitdenken, das Gehirn benutzen

brickie	Bauarbeiter	
gaffer	Chef, Boss	
elbow grease	Maloche, Plackerei	*Ellbogenschmiere*
to muck in	helfen	
bog-standard	stinknormal	
to skive	schwänzen, blau machen	
to get the nod	die Erlaubnis bekommen	*das Nicken*
to keep tabs on	informiert bleiben	*bekommen*
doddle	puppig, einfach	
piss easy	sehr einfach, kinderleicht	
whatchamacallit	Dingsbums, Dingenskirchen	
bits and bobs / odds and sods	dies und das	
on the blink	kaputt *(Maschine)*	

to have a dab / a whack at something
etwas ausprobieren

all to pot / ballsed-up
in die Hose gegangen

to muck (something) up
etwas vermasseln

to go pear-shaped
nicht klappen, in die Hose gehen

duff
Schrott, Müll, Pfusch, Murks
(Maschine oder Sache, die nicht richtig funktioniert)

to bin something
etwas wegwerfen

something is bang out of order
etwas ist inakzeptabel

Alles und nichts

nichts:	**eff all** 💣
	f all 💣
	fuck all 💣
	dicky-bird
	not a dicky-bird
	diddly-squat
nicht eine Wurst	**not a sausage**
	jack all
	jack shit 💣

better than a kick in the teeth / balls 💣
besser als gar nichts

fuck all else 💣
sonst nichts

like nobody's business
total, sehr, ... wie nur irgendwas

complete and utter	ganz und gar
just a smidge	nur ein ganz bisschen
the whole hog	das volle Programm, das Ganze
jam packed / stuffed	pickepackevoll
all over the shop	überall
K	Tausend, Kilogramm
umpteen	viele Male
donkey's years	lange Zeit *Eselsjahre*
diddy / dinky	winzig
piddly	klein, unbedeutend
pint-sized	klein
humongous / massive	riesig

Unglaublich!

unreal / mind-blowing / ridiculous	unglaublich
to be flabbergasted	baff sein
to blow away	umhauen
mindfuck 💣	krass, unbegreiflich
way-out	abgefahren, ungewöhnlich, besonders *weit draußen*

Smart & arse

Schimpfwörter & Beleidigungen

Eine ganze Reihe der folgenden Schimpfwörter müssen – in der entsprechenden Um-
gebung und gegenüber Freunden gebraucht –
unter Umständen nicht beleidigend wirken.
Eben so, wie man auch bei uns einen guten
Kumpel mit „Na, du alter Penner!" begrüßen
könnte. Der Ton macht die Musik. Trotzdem:
Besser nicht in den Mund nehmen!

common as muck	ordinär
to bad mouth someone	über jemanden schlecht reden, lästern
effing and blinding	fluchen, Schimpfwörter benutzen
to have a lip	kesses Mundwerk, große Klappe
f-word	das F-Wort
four letter words	Schimpfwörter

show-off	Aufschneider
poser	Angeber
loudmouth / big mouth	Großmaul
gobshite	Angeber, der sich um Kopf und Kragen redet
flash	Angeber, auffällig angezogene Person
butch	Macho

laddish	jugendhaft
smart-arse ☣ /	Klugscheißer,
clever dick ☣ /	Besserwisser
smarty-pants /	
clever clogs	
do gooder	Streber
goody-goody	Musterknabe
boffin / swat	Streber, hochintelligente Person
geek	intelligente, aber sozial unbegabte Person
egghead	Fachidiot / Intelligenzbolzen
to be full of oneself / **snotty**	eingebildet sein
selfcentred	egoistisch
stuck-up / snooty	hochnäsig
toffee-nosed	eingebildet
snobby	snobistisch
Hooray Henry	männlicher Snob
yuppy	junger, karriere- und modebewusster Stadtmensch, Aufsteiger
romeo	Casanova
Jack the Lad	Hallodri
womanizer	Frauenaufreißer
he thinks he is **God's gift to women**	einer, der denkt, er könne jede haben
sweet / smooth talker	Schmeichler
square / bore	Langweiler
party pooper	Spielverderber, Miesmacher
bossy	herrisch

yuppy = young urban professional

bully	einer, der rum-kommandiert
cocky	arrogant
to be over the top	übertrieben sein in Klamotten / Gehabe
to have a chip on your shoulder	Komplexe haben und verbittert sein
tosser / wanker 💣	Wichser
pain in the neck / pain in the backside / arse 💣	extrem nervender Typ
pig-ignorant	ungebildet
to get on someone's nerves	jemandem auf die Nerven gehen
to be pushy	aufdringlich sein
shithead 💣	Blödmann, Scheißkerl
arsehole 💣 / **dickhead** 💣	Arschloch
sod	Arschloch, Saukerl
arse-licker	Kriecher
scum / scumbag	Abschaum, gemeine Person
fatso	Fettsack
poisoned dwarf	Giftzwerg
(a) nasty piece of work / ratbag	fiese / gemeine Person
prick 💣	Scheißkerl
pratt	Knallkopf
dope	Depp
nerd	Heini, Depp, total unmodisch, Nerd

ein Schmerz im Arsch sein

© Kurt Tutschek, Fotolia.com

twit / twerp	Doofie	
not to know one's arse from one's elbow / soft in the head / dim	dumm	
not all there	abgedreht / dumm	*nicht ganz da*
to be as daft as a brush	dumm wie Bohnenstroh sein	
to be two cans short of a six pack	etwas dumm sein	
thick as pigshit / thick as two short planks	total dumm	*doof wie Schweinescheiße*
dippy / dizzy	etwas dämlich / durcheinander sein	
drip	dämlich	
wet	blöde	
div / divvy / git	Idiot, Dummkopf	
birdbrain / flid / dipshit 💣 / dipso / wally / nitwit / thickie	Dummkopf	
dimbo	dumme Person	
daftie	dumme / lustige Person	

ponce	Mimöschen, Tucke
pillock / plonker / twat 💣* **/ wazzock / durbrain / eejit / mong** 💣* **/ berk / pleb / fuckwit** 💣*	Idiot
fuck-face 💣*	Vollidiot
to be as blind as a bat	blind wie eine Fledermaus sein
ein bedauerns-werter Fall — **to be a sad case / to be a sad bastard**	daneben / unmodisch / blöd sein
Joe Bloggs	stinknormaler Typ
Billy no mates	Außenseiter, der wenige Freunde hat
Norman no mates	Außenseiter, der keine Freunde hat
Tom, Dick and Harry	irgendeiner, irgendwer
yob / yobbo	Hooligan
lager lout	betrunkener Hooligan
space cadet	exzentrische / geistig abwesende Person
slob	ungepflegte, faule Person
minger	Ekelpaket, hässliche Person
Flohsack — **flea-bag**	dreckige Person
scumbag / grotbag / dirtbag	Drecksack
shitbag 💣*	unangenehme Person
Scheiße-Aufwühler — **shit stirrer**	einer, der tratscht / Probleme macht
whinger	ein chronischer Nörgler

gooseberry	das fünfte Rad am Wagen sein, den Anstands-wauwau spielen	
tree hugger	Umwelt-Aktivist	*Baumumarmer*
crusty / crustie	New-Age-mäßig, Hippie	
cowbag	blöde Kuh	
cheeky chappy	frecher, aber charmanter Typ	
cheeky monkey	freche Person	
drama queen	Hysterikerin	
raver	Person, die zu vielen „Rave Parties" geht	
fruitcake	Exzentriker	
softy	Waschlappen, Weichei, Trottel	
boy racer	junger Fahrer mit getuntem Auto	
eco warrior	militanter Umwelt-Aktivist	*Öko-Krieger*
bible basher	sehr religiöse Person, die andere bekehren will	
God squad	organisierte Christen, Evangelikale	*Armee Gottes*
squaddie	Soldat	
charity case	Sozialfall	
goody-two-shoes	Tugendbold, Gutmensch	
uptight	stressige, unentspannte, verkrampfte Person	
good egg	gutmütiger Mensch	
lobster	sonnenverbrannte Person	*(gekochter) Hummer*
culture vulture	kulturbegeisterte Person	*Kulturgeier*

townie	Städter (*abwertend*)
hard as nails	knallharte Person
fresher	Erstsemester, „Ersti"
dab hand	Könner, Ass
tough cookie	harter Hund
Platzverschwendung **waste of space**	wertlose Person oder Sache
moose	hässliche Person
eggy	launisch
full of shit 💣	nur Scheiße im Kopf habend
gormless	tollpatschig
pig-headed	stur
kerb crawler	Freier auf dem Autostrich
jaffa	unfruchtbarer Mann
perve / pervy	Perverser, pervers
kein Ölgemälde sein **to be no oil painting**	hässliche Person sein
hässlich wie die Sünde **ugly as sin**	sehr hässliche Person

to have a face like ...
  a bag of spanners /
  ein Satz Schraubenschlüssel
  a wet weekend /
  ein verregnetes Wochenende
  the back end of a bus
  das Heck vom Bus
ein hässliches Gesicht haben

Frauen

scrubber	Weib
air-head	dumme Frau

© Daniel McCurry, Fotolia.com

dumb blonde	dumme Blondine	
hussy / slut 💣	Flittchen, Schlampe	
bimbo	dumme aufgemotzte Blondine	
blonde bombshell	sehr hübsche Blonde	
page three girl	Oben-ohne-Modell in Zeitungen	
slag / bike	eine, die es mit jedem macht	*Schlacke*
easy lay	eine, die man leicht rumkriegt	*leicht flachzulegen*
tart 💣	Hure	*Torte*
cheap / common	ordinär	*billig*
to be a good ride	gut im Bett sein	
to be stunning / a stunner	ein geiles Teil sein	
butch	Mannweib / Kampflesbe	
trout	alte Schachtel / Zimtzicke	*Forelle*

Schwule

to bat for the opposition / for the other team
schwul / lesbisch sein

to bat for both sides
bisexuell sein

to come out
sein Schwulsein öffentlich machen

to be out
offen homosexuell lebende Person

Bezeichnungen für Schwule

poofter ● / poof ● / bent as a nine bob note / nancy / faggot / fag ● / uphill gardener / wooly woofter ● / queer ● / queen ● / mincing queen ● / mincer ● / arse-bandit ● / shirtlifter ● / gay-boy / gaylord ● / fudge nudger ● / cock jockey ● / fruit / fairy

bummer ●	Arschficker
bear	großer, behaarter und dicker Schwuler
pansy	Tunte
camp	tuntig
gender bender	Transvestit

Bezeichnungen für Lesben

lesbian / les / dyke / lemon / diesel / lezzer / woman in comfortable shoes

Leute

crumblies /	alte Leute,
wrinkly / blue rinser	alte Person
old bag / old bat	Alte
old fogey /	alter Knacker,
old biddy /	alte Vogelscheuche
old cow	alte Schachtel
nan / nana	Oma
old man	Vater oder männlicher Partner
old lady	Mutter oder weibliche Partnerin
our kid	Schwester, Bruder
nipper	Fratz
rug rat	Kleinkind
number one	ich

crumblies = *krümelig*

Teppichratte

Volksgruppen ◐

Überall auf der Welt werden Ausländer, Randgruppen u. ä. mit abwertenden Bezeichnungen belegt. Das ist auch (oder gerade) in Großbritannien nicht anders. Alle folgenden Ausdrücke sind sehr beleidigend, man sollte sie also nicht verwenden:

Gaychester	Manchester (weil es dort viele Homosexulle gibt)
Essex girls	Mädchen aus Essex
Brummies	aus Birmingham
Scousers / Scally	aus Liverpool

Essex girls *werden in Witzen als doof und ordinär dargestellt.*

Cockneys	Londoner
Mancs	aus Manchester
Geordies	aus Nordostengland

Paddies	Iren
Jimmies	Schotten
Taffies	Waliser
Yanks / Yankees	Amerikaner
Slit-Eyes / Slant-Eyes	Asiaten
Chinkies	Chinesen
Krauts	Deutsche
Frogs	Franzosen
Japs	Japaner
Spiks	Lateinamerikaner
Pakis	Pakistaner
Aussies	Australier
Kiwis	Neuseeländer
commies	Kommunisten
Jungle-Bunnies / Niggers	Schwarzer
Gyppos	Zigeuner
Dagos	Spanier / Italiener (mitunter auch Portugiesen)

Schlitzaugen (neben Slit-Eyes / Slant-Eyes)

Frosch(fresser) (neben Frogs)

Hinglish
Mix aus Hindi und English

Down Under / Oz
Australien

P.C. (politically correct)
politisch korrekt

Dressed to kill

Zwischengeschlechtliches

Das ist natürlich ein höchst interessantes Gebiet. Und wie bei allem, was tabuisiert, anrüchig oder auch nur pikant ist, gibt es hier eine wahre Fundgrube von Slang- und Szene-Ausdrücken. Der Witz bei der Sache ist natürlich, dass man nicht jeden Ausdruck in jeder Situation anwenden kann und vor allen Dingen nicht unbedingt gegenüber dem anderen Geschlecht.

Einige Ausdrücke sind recht zotig und nicht unbedingt zum Gebrauch gedacht. In der deutschen Übersetzung habe ich versucht, möglichst adäquate Wörter zu finden. Man erschrecke also nicht über vulgäre Ausdrücke!

Die Frau

chick / doll	Mieze, Puppe
lass / bird	Mädchen
bit of skirt / bit of crumpet	hübsches Mädchen
totty	sexy Frau
sheila / bit of fluff	Betthäschen
dollybird	Wuchtbrumme

„zum Anbeißen"

Der Mann

bloke / fella / chap geezer / lad / guy	Kerl, Typ
pretty-boy	hübscher junger Mann
lover boy	Liebhaber, Partner
stud	Casanova

Deckhengst

sugar daddy	älterer, reicher Liebhaber
toyboy	jüngerer Liebhaber

ER zu IHR (Kosenamen)

duck *Ente* / **flower** *Blume* / **petal** *Blüte* / **love** *Liebe* / **darling** *Liebling* / **pet** *Schoßhund* (Liebling, Schätzchen) / **sunshine** *Sonnenschein* (Spätzchen) / **treasure** *Schatz* / **sweetheart** / **honey** / **sweetiepie** / **pudding**

Allgemeines zum wichtigen Thema

to give somebody an eyeful
jemanden freundlich angucken

**to make eyes at someone /
to eye someone up**
jemandem schöne Augen machen

to make bedroom eyes
jemanden durch einen Schlafzimmerblick anlocken

sabbern **to drool over someone**
jemanden, auf den man scharf ist, anstarren

to be gagging for something
scharf auf etwas sein *(Sex / Essen …)*

to fancy someone
jemanden besonders mögen

to have a lump in your throat
einen Kloß im Hals haben

to be like a cat on hot bricks
nervös sein

wie eine Katze auf heißen Steinen

to go wobbly at the knees / to go to jelly
weiche Knie beim Anblick des / der
Begehrten kriegen

to pull yourself together
sich zusammenreißen

© H. G. Semsek

to have the hots for someone / to have a crush on someone / to fancy the pants of someone
auf jemanden scharf sein

Two's company, three's a crowd.
Drei sind einer zuviel.

to chat someone up
jemanden anquatschen
to make a pass at someone
jemanden anmachen
to make a move on someone
jemanden angraben, anbaggern, anmachen
to be forward
sich ranmachen
to come onto someone
jemanden anmachen, aufreißen
to pick someone up
jemanden abschleppen

She's lovey dovey.
Die ist süß / verkitscht / romantisch.
She's soppy.
Sie ist gefühlsduselig.
He / She's fit.
Er / Sie sieht gut aus.
He's a hunk.
Er sieht männlich aus.
He's raunchy.
Er ist attraktiv, sexy.
corking
super, hübsch

bit of all right
gutaussehend
dish / dishy
gut aussehende Person
drop-dead gorgeous
sehr schöne Person
He / She makes you melt.
Er / Sie bringt dich zum Schmelzen.

zum Umfallen toll

© DWP - Fotolia.com

sex pot / sex bomb / sex on legs
sexy Person

bumsbar / fickbar **shaggable / fuckable**
sexuell attraktiv

bettfähig / **beddable**
gut genug fürs Bett jemand, mit dem man schlafen könnte

to be straight
heterosexuell sein

to go out with someone
eine feste Bekanntschaft haben

to fall for someone
sich verlieben

to be loved up
verliebt sein

to be an item
ein Pärchen sein

kreuzen **to cruise**
auf der Suche nach Sex sein

toothing
Sex mit Fremden durch Bluetooth
  arrangiert

a one night stand
Affäre für eine Nacht

in der Gegend rumvögeln **to screw around / to put it about**
oft Sex mit verschiedenen Personen haben

fuck buddy
Fickbeziehung

bit on the side
Liebhaber
dirty stop-out
Nacht mit Sex
dirty weekend
Wochenede mit viel Sex
to smooch
eng tanzen oder knutschen
to play tootsies
füßeln
just for kick
nur zum Spaß
just for the hell of it
nur mal so

Absence makes the heart grow fonder.
Die Liebe wächst mit dem Quadrat der Entfernung.

to stand someone up
jemanden versetzen

to use someone
jemanden ausnutzen

Out of sight is out of mind.
Aus dem Auge, aus dem Sinn.

to ditch / dump someone /
to give someone the boot /
to give someone the elbow /
to give someone their P45
jemandem den Laufpass geben, Schluss machen

So, und nun zu den für diese Art Vergnügen wichtigen Körperteile. Die in Klammern angegebene wörtliche Übersetzung (falls möglich) gibt ansatzweise Aufschluss über das jeweilige Sprachlevel.

Körperteile

bottom *(Unterseite)* / **bum** *(Hintern)* / **seat** *(Sitz)* / **rear** *(Hinterteil)* / **backside** *(Hinterseite)* / **arse** 💣* *(Arsch)*	Po, Hintern, Arsch
buttock	Pobacke

boobs / **baps** / **melons** *(Melonen)* / **jugs** *(Krüge)* / **knockers** *(Schläger)* / **coconuts** *(Kokosnüsse)* / **bust** *(Büste)* / **breasts** *(Brüste)* / **tits** 💣* / **titmeat** 💣* *(Titten, Brustfleisch)*	Busen, Brüste, Titten

bollocks / **gonads** / **nads** / **balls** *(Kugeln)* / **sack** *(Sack)* / **nuts** *(Nüsse)* / **knackers** / **goolies** / **love spuds** *(Liebeskartoffeln)*	Hoden, Eier

dick *(Richard)* /	Penis,
cock *(Hahn)* /	Pimmel,
tool *(Werkzeug)* /	Schwanz,
prick *(Stachel)* /	Schniedel,
willie *(Wilhelm)* /	Dödel,
knob *(Beule)* /	Kolben,
thing *(Ding)* /	Gurke,
rod *(Rute)* /	Riemen
Percy / plonker /	
shlong / schlong /	
the wife's best friend	*(der beste Freund der*
love custard *(Liebespudding)* Samen	*Gattin)*

fanny / beaver /	Vagina,
pussy *(Muschi)* /	Muschi, Möse
crotch *(Gabelung)* /	
slit *(Schlitz)* /	
twat ●* *(Fotze)* /	
cunt ●●* *(Fotze)* /	
furry purse / furry cup /	
cunny / vadge / fadge	
clit	Klitoris

private parts
Genitalien

**naughty bits / packet /
dangly bits /
the trouser department** *die Hosenabteilung*
männliche Genitalien

bush / pubes / short and curlies
Schamhaare

Dressed to kill

foreplay	Vorspiel
to be in the mood	in Stimmung sein
to be horny / randy / turned on / to feel fruity / to get the horn	geil sein
snogging / to canoodle	knutschen
French kiss	Zungenkuss
necking / nookie	das Rummachen
nookie / nooky	Nümmerchen
to feel / to touch someone up	jdn. befummeln
to have a hard on / to have a stonker / to have a boner / to have a stiffy	eine Latte haben
to have brewer's droop	zu besoffen sein, um einen hochzukriegen
johnny / durex / rubber	Kondom
prick-teaser	Frau, die Männer erst scharf macht und dann nicht will
cradle-snatcher	einer, der mit einer viel jüngeren Person zusammen ist
get one's kit off	die Kleider ausziehen
to be in the nude / to be stark naked, / to be starkers / to be nuddy / to be in the buff	nackt sein
to be in one's birthday suit	im Adamskostüm sein

Pimmelquäler

100

nudist	Nudist	nudism = *FKK*
skinny dipping	nackt schwimmen	
girlie mag	Pornoheft	
hung like a horse /	einen großen Penis	*behangen wie ein*
donkey	haben	*Pferd / Esel*
six pack	Waschbrettbauch	
boob job / nose job	Schönheitsoperation	
	(Busen /Nase)	

Bumsen

to screw *(schrauben)*,

to nail *(nageln)*,

to shag *(struppig machen)*,

to have it / to do it *(es machen)*,

to have a jump *(einen Sprung machen)*,

to have a knee-trembler *(Knie-Zittern)*,

to lay / to get laid *(legen / gelegt werden)*,

to romp *(umhertollen)*,

to grind *(mahlen)*,

to bang *(knallen)*,

to rattle bones *(Knochen schütteln)*,

to fuck ●*●* *(ficken)*,

to bonk,

to hump,

to go all the way,

to do someone,

to have it off,

to give him / her one,

to get one's leg over,

to get one's rocks off,

to give someone a rogering,

How's your father? *(Was macht das Sexualleben?)*

to dip one's wick	Sex (Männer)
to come *(Orgasmus haben)*	
to fake it *(so tun als ob)*	
to get into someone's pants	Sex / Petting haben
cushy number / cushty	einfache / gute Nummer
fuck someone's brains out 💣*	sich den Verstand rausvögeln
doggie fashion / style	Sex auf allen Vieren
cottaging	anonymer männl. Sex auf öffentl. Toiletten
to pop someone's cherry	entjungfern

Spezialitäten

blow job / to suck off / to go down on someone / to give head / deep throat	Oralverkehr (was sie macht)
to lick her out / to steam clean	Oralverkehr (was er macht)
muff diver 💣*	Mann, der Cunnilingus macht
sixtyniner	Oralverkehr (beide)
Hand anlegen **to do a hand-job / to have a handy**	onanieren
threesome	Dreier, Sex-Trio
daisy chain	(Sex-)„Kette" zwischen drei oder mehr Personen
dogging	Sex in der Öffentlichkeit

to be kinky	etwas pervers sein
to be in drag	sich als Frau verkleiden
bondage / S & M	mit Fesseln

Sadomasochismus

pimp	Zuhälter
red light district	Nuttenviertel
tart / whore / **prosy**	Nutte
rent-boy	männl. Prostituierter
on the game	auf dem Strich

und dann ...

to have a bun in the oven /	schwanger sein,
to be in the club /	'nen Braten in
to be knocked up /	Röhre haben,
to be preggers /	Besuch vom
up the duff / up the spout	Storch erwarten

to shack up with someone
mit jemandem zusammenziehen
to pop the question
Heiratsantrag machen
hen night
Junggesellenabschied (für Frauen)
stag night
Junggesellenabschied (für Männer)
to get wed / to tie the knot / to get hitched
heiraten
to walk down the aisle
kirchlich heiraten
honeymoon
Flitterwochen

his / her indoors / hubby	Ehepartner Ehemann
better half	bessere Hälfte
ball & chain	Ehefrau
(the) missus	Ehefrau, Freundin
to be under the thumb	
unterm Pantoffel stehen	
to be pussy-whipped	
von der Ehefrau unterdrückt werden (Mann)	
to be hen-pecked	
von der Frau rumkommandiert werden	
to drop a sprog	
ein Balg kriegen	

Alleine?

to toss off *(einen Reiter abwerfen)*
to wank / to jack off *(wichsen)*
five finger shuffle *(5-Finger-Mischen)*
knuckle shuffle *(Knöchel-Mischen)*
to pull your plonker *(am Pimmel ziehen)*
to play with oneself
(mit und an sich herumspielen)

Literaturempfehlungen

Sprachbuch Großbritannien / Irland
von Emer O'Sullivan und Dietmar Rösler,
Rowohlt. Lesetexte und Comics aus dem
Alltag. (Gut als Ergänzung geeignet.)

Talk One's Head Off
von C. H. Wacker und H.-G. Heuber, Rowohlt.
Englische Redewendungen und ihre
deutschen Entsprechungen.

Modern Talking
von Emer O'Sullivan und Dietmar Rösler,
Rowohlt. Englisches Quasselbuch mit
Sprüchen und Widersprüchen.

Englisch, wie es nicht im Wörterbuch steht
von Arthur Steiner, Bastei.

PONS Kompaktwörterbuch
Englisch–Deutsch / Deutsch–Englisch.
Es bietet auf über 1.300 Seiten ca.
100.000 Stichwörter und Wendungen.

**PONS Cambridge International Dictionary
of English**
Ein einsprachiges Wörterbuch mit ca. 50.000
Stichwörtern und ebenso vielen Idiomen.

Wortregister

© chrisharvey, Fotolia.com

Auf den folgenden
Seiten findet man
ein alphabetisches
Verzeichnis der
meisten Begriffe,
die in diesem Buch
vorkommen.
Hinter jedem Aus-
druck steht die Seiten-
zahl, auf der der
Ausdruck mit diesem
Wort zu finden ist.

nerve 82
net-head 38
netiquette 38
news 50
newt 27
nibbles 18
nice 51
nick 38, 73, 74
nicked 74
nickname 38
niff 42
Nigger 90
nine bob note 88
nip in 49
nipper 89
nitty-gritty 47
nitwit 83
nobody 79
nod 77
nod off 63
nookie 100
nooky 100
nope 50
Norah 59
Norman no mates 84
nose job 101
nosh 17
nosh-up 17
not all there 42
nuddy 100
nude 100
number 32, 102

number one 89
nut 56
nuther 11
nut-house 43
nut-job 43
nuts 33, 42, 59, 98
nutter 43
nutty 43

O

odds and sods 77
off colour 29
offy 21
oil painting 86
okey dokey 54
Old Bill 73
old lady 89
old man 89
once-over 77
one night stand 96
order 55
organize 28
our kid 89
out of it 33, 43
oven 103
over the top 82
Oz 90

P

packed out 22
packet 99
paddy 43
Paddy 90
page three 87
pain 82
Paki 71, 90
pansy 88
pants 58, 60, 94, 102
paralytic 27
parched 18
parky 12
parrot 57
party pooper 81
pass 94
passion killers 23
paste 70
pavement pizza 29
P.C. 90
peahead 76
pear-shaped 78
peckish 17
pee 12, 41
peg it 73
pelt 12
penny 41
Percy 41, 99
perm 23
perve 86
pet 92

A–Z Wortregister

Für Ihre Notizen

Weitere Slang-Titel aus dem
Reise Know-How Verlag

Italienisch Slang

Französisch Slang

Schwedisch Slang

Spanisch Slang

Je € 9,90 [D]

Humorvolles aus dem
Reise Know-How Verlag

Die Fremdenversteher
Deutsche Ausgabe der englischen Xenophobe's® Guides.

Amüsant und sachkundig.
Locker und heiter.
Ironisch und feinsinnig.

Mit typisch britischem Humor werden Lebensumstände, Psyche, Stärken und Schwächen der eigenen Landsleute unter die Lupe genommen.

Die Fremdenversteher
Weitere Titel der Reihe: So sind sie, die ...

- **Amerikaner**
- **Australier**
- **Belgier**
- **Deutschen**
- **Franzosen**
- **Isländer**
- **Italiener**
- **Japaner**
- **Niederländer**
- **Österreicher**
- **Polen**
- **Schweden**
- **Schweizer**
- **Spanier**

Je 108 Seiten | € 8,90 [D]

Die Autorin

Geboren wurde **Veronica Sierra-Naughton** am 30. 3. 1970 in Bogotá (Kolumbien) als Tochter eines kolumbianischen Vaters und einer englischen Mutter.

Mit ihrer Familie zog sie viel zwischen Kolumbien, England und Deutschland hin und her, bevor sie schließlich in Halifax, England, ihr Abitur machte. Englisch war die Sprache, die sie tagtäglich, nämlich zu Hause, sprach. Aber nicht nur durch den „Hausgebrauch" der englischen Sprache, sondern besonders durch den Aufenthalt in England wurde sie mit dem britischen Slang vertraut. Sie lebt jetzt in England und studierte dort „International Office Management" in Buckinghamshire.